제비꽃 여인숙

제비꽃 여인숙

이정록 시집

민음의 시 105

민음사

自序

대나무 뿌리, 그 짧은 한 마디가 만져진다. 다음 마디로 가려면

이 문을 닫아야 한다.

2001년 초가을

서해 한사랑(寒沙廊)에서

이정록

차례

1 아름다운 녹

슬픔　13

주걱　14

얼음 도마　15

아름다운 녹　16

얼음 목탁　17

흠집　18

나무젓가락 단청　20

빨래를 훔쳐보다　22

현운묵서(玄雲墨書)　24

나무기저귀　26

운주사 천불천탑　28

2 제비꽃 아래

뻘에 와서 소주를　31

제비꽃 아래　32

내 품에, 그대 눈물을　34

토끼　36

배웅　39

기차표를 끊으며　　42

마지막 편지　　44

느슨해진다는 것　　45

한문 선생　　46

관계　　48

알밤　　50

붉은풍금새　　52

식도　　53

싸락눈　　54

모서리의 힘　　56

노을　　58

새벽 이슬　　60

3 돌의 이마를 짚다

강　　63

가재　　64

한숨의 처소　　65

대나무　　66

줄탁(啐啄)　　67

저 수컷을 매우 쳐라   68

쓰라린 젖꼭지   70

소가죽 가방   71

바람아래   72

목이 부러진 숟가락   74

돌의 이마를 짚다   76

송화   78

가뭄   79

금강초롱   80

희망의 거처   82

수로(水路)   84

4 눈송이에 둥지를 트는 새

생선의 전부   87

염소   88

물의 뼈   90

고기만두   92

숲   94

눈송이에 둥지를 트는 새   96

흰 별　　98

둥구나무의 말　　100

병따개가 없는 술집　　101

무덤에서 무를 꺼내다　　102

차선 그리는 남자　　103

씨눈　　104

38　　106

참 좋은 일요일　　107

1
아름다운 녹

슬픔

열매보다 꽃이 무거운 生이 있다

주걱

주걱은
생을 마친 나무의 혀다
나무라면, 나도
주걱으로 마무리되고 싶다
나를 패서 나로 지은
그 뼈저린 밥솥에 온몸을 묻고
눈물 흘려보는 것, 참회도
필생의 바람이 될 수 있는 것이다
뜨건 밥풀에 혀가 데어서
하얗게 살갗이 벗겨진 밥주걱으로
늘씬 얻어맞고 싶은 새벽,
지상 최고의 선자(善者)에다
세 치 혀를 댄다, 참회도
밥처럼 식어 딱딱해지거나
쉬어버리기도 하는 것임을,
순백의 나무 한 그루가
내 혓바닥 위에
잔뿌리를 들이민다

얼음 도마

겨울이 되면, 어른들은
얼어버린 냇물 위에서 돼지를 잡았다.

우리 동네에는
바다까지 이어지는 도마가 있었다.
얼음 도마는 피를 마시지 않았다.
얼어붙은 피 거품이 썰매에 으깨어졌다.
버들강아지는 자꾸 뭐라고 쓰고 싶어서
흔들흔들 핏물을 찍어 올렸다.
얼음 도마 밑에는 물고기들이 겨울을 나고 있었다.

(바닷가에서 노을을 볼 때마다 나는 생각한다.
핏물은 녹아내려 서녘 하늘이 되었는데
비명은 다들 어디로 갔나?)

얼음 도마 위에 누워
버럭버럭 소리를 지르는 돼지가 있었다.
일생 비명만을 단련시켜 온 목숨이 있었다.

세상에,
산꼭대기에서 바다까지 이어지는 도마가 있었다.

아름다운 녹

고목이 쓰러진 뒤에
보았다, 까치집 속에
옷걸이가 박혀 있었다
빨래집게 같은 까치의 부리가
바람을 가르며 끌어올렸으리라
그 어떤 옷걸이가 새와 함께
하늘을 날아봤겠는가, 어미새 저도
새끼들의 외투나 털목도리를 걸어놓고 싶었을까
까치 알의 두근거림과 새끼 까치들의
배고픔을 받들어 모셨을 옷걸이,
까치 똥을 그을음처럼 여미며
구들장으로 살아가고 싶었을까
아니면, 둥우리 속 마른 나뭇가지를
닮아보고 싶었을까
한창 녹이 슬고 있었다
혹시, 철사 옷걸이는
털실을 꿈꾸고 있었던 게 아닐까

얼음 목탁

산사 뒤 작은 폭포가 겨우내 얼어 있다.

그동안 내려치려고만 했다고
멀리 나가려고만 했다고, 제 몸을 둥글게 말아 안고 있다.

커다란 얼음 목탁 속으로 쏟아져 내리는 염주알들. 서로가 서로를 세수시켜 주는 저 염주알을 닮아야겠다고, 버들강아지 작은 솜털들이 부풀어오르고 있다.

네 마음도 겨울이냐?
꽝꽝 얼어붙었느냐?

안에서 두드리는 목탁이 있다. 얼음 문을 닫고 물빙울에게 경을 읽히는 법당이 있다. 엿들을 것 없다. 얼음 목탁이 공양미 씻는 소리. 염주알이 목탁 함지를 깎는 소리.

언 방에서 살아가며 기도를 모르겠느냐?

나를 세수시켜 주는 쌀 씻는 소리가 있다.

흠집

낮고 긴 골짜기
그 끄트머리에 장곡사가 있다
작년에는 살림살이가 늘어 종루를 짓고
은방울꽃 한 송이 매달았다
그런데 너무 서두른 나머지
기둥이며 서까래가 모두 금이 가버렸다
나무들이 바다 건너 제 떠나온 물줄기 쪽으로
돌아누울 때마다, 종소리가 불현듯
칠갑(七甲)의 가슴을 때리기도 한다
하지만 우리 나라의 말씀들이
얼마나 깊고 선하신가
그 흠마다 집 한 채씩을 들이시고
생나무들의 여수(旅愁) 위에
거미들이며 작은 곤충들을 들여앉히시니
나무 관세음보살일 따름이다
맘씨 좋은 고목일수록, 제 스스로
껍질 가득 흠집을 두는구나
산마루에 올라 칠갑산 줄기들의
터진 솔기마다 깃들여 있는 마을들,
그 아름다운 꽃봉오리들을 굽어본다

그럼, 내가 기어오른 이곳이
꽃대였단 말이 아닌가
새순인 양 구석구석 봉분도 품고 있는
굵은 꽃대공이였단 말이 아닌가

나무젓가락 단청

계란 핫도그를
다 뜯어먹자
외짝 나무젓가락
일주문 기둥이 나왔다

계란을 받들기 전
오랫동안 합장을 했던
나무젓가락의 마른 기도가
기름에 절어 있었다

일주문의 허리까지
옥수수 기름으로
단청이 되어 있었다

죽은 나무의 영혼에서
두어 번, 식은 기름을 빨아
멀리 내뱉었다

끓는 기름을 들이마신
깡마른 고행의 자리가

슬프게도 더 늦게 썩을 것이다

생목 우듬지가, 내
목젖을 치고 올라왔다

빨래를 훔쳐보다

백목련
껍질에 자리잡은 하얀 이끼*들이
꼭 빨래를 내다 넌 것 같다
순면 런닝구와 빤스를 말리는 것 같다
꽃이 진 자리마다 옥수수 같은 씨앗들
몽땅 알몸이다, 한꺼번에 오줌을 쌌나?
푸르게 멍이 들어 있다

너른 바위 위에도
바랜 속옷들 여러 장 널려 있다
누이와 엉아한테 물려받았나?
올올 실밥이 풀어져 있다
바위 밑 쥐며느리 것일까?
아니면 바위 깊은 속에
우리가 모르는 식솔들이 살고 있나?
몇 해째 빨래를 걷어들일 수 없는
텅 빈 마을이 있나?

식구들의 젖은 옷을 섞어 널다가
사람은 걷어다 입을 수 없는 아름다운 이끼들

그 거친 결을 쓰다듬는다
떨리는 내 마음속의 꽃술들

바지랑대가 쓰러졌나?
바위도 내 가슴처럼 우묵하다

---

* 실제로는 이끼가 아니라 지의류다.

현운묵서(玄雲墨書)

겨울 논바닥
지푸라기 태운 자리
얼었다 풀렸다
검게 이어져 있다

산마루에서 굽어보니
하느님이 쓴 반성문 같다

왜 이리 말줄임표가 많지?

겨울 새떼들이
왁자하게 읽으며 날아오르자
민망한 듯 큰 눈 내린다

반성문을 쓸 때
무릎 꿇었던, 쌍샘에서
소 콧구멍처럼 김이 솟아오른다

온 들녘에, 다시
흰 종이가 펼쳐지자

앞산 뒷산이
깜깜하게 먹으로 선다

나무기저귀

목수는
대패에 깎여 나오는
얇은 대팻밥을
나무기저귀라고 부른다

천 겹 만 겹
기저귀를 차고 있는,
나무는 갓난아이인 것이다

좋은 목수는
안쪽 젖은 기저귀까지 벗겨내고
나무아기의 맨살로
집을 짓는다

발가벗은 채
햇살만 입어도 좋고
연화문살에
때때옷을 입어도 좋아라

목수가

숲에 드는 것은
어린이집에 가는 것이다

운주사 천불천탑

구름이
아름다운 건
폐허를 꿈꾸기 때문이다
끝내 흩어져 버리기 때문이다
석탑석불이 아름다운 건
그 구름을 닮고자 하기 때문이다
그러나
석탑석불보다 아름다운 것은
탑을 받들고 있는 겹겹의 바위이다
해마다 한 층씩 마디를 늘여 가는
앞산 뒷산 소나무들이다 다년생
풀뿌리들이다
잔디밭으로 변해 버린
운주사 깊은 계곡
그중 아름다운 폐허는
그 잔디밭에 묻혀 버린 계단식 논밭이다
불탑을 둘러보는 동안 우리는
폐허에 안착한 논밭을 밟을 수밖에 없다
노도 없이 바다도 없이
배를 밀고 가는 구름을 우러를 수밖에 없다

2
제비꽃 아래

뻘에 와서 소주를

구멍 숭숭 지친 이여
충청도 바닷가로 오라
바닷물도 이 정도는 나이를 먹어야
새우젓이며 꼴뚜기를 곰삭일 수 있구나
한 세상 질퍽거리기만 했다고
제 가슴에 검센 파도를 때리는 이여
드넓은 뻘 느릿느릿 밀려드는
바닷물을 보아라 구멍이란 구멍
다 들여다보고 뽀글뽀글 재미도 좋은
밀물을 보아라 그 정 잊을 수 없어
내 나갈 때에는 진국 한 모금 남기고 가리
주거니 받거니 지치지 않는 사랑을 보아라
시작과 끝은 언제나 거품인 게야
낡은 목선의 말도 들어보아라
바다의 출발선은 언제나 뻘탕물이다
뻘에 몸 문지르며 한 몸으로 섞이는 것이다
세상 더럽다고 불끈 나앉은 그대여
사람 없는 저 먼 섬들이
그대 마음 씻어주려 솔 저리 푸른 것이니
통통거리며 돌아오는 작은 배엔
잡어 몇 마리 펄떡이고 있을 것이니

제비꽃 아래

 요구르트 빈 병에 작은 풀꽃을 심으려고) 밭두둑에 나가 제비꽃 옆에 앉았다) 나잇살이나 먹었는지 꽃대도 제법이고, 뿌리도 여러 가닥이다) 그런데 아니, 뿌리 사이에 굼벵이 한 마리 모로 누워 있다) 아기부처님처럼 주무시고 있다

 한 송이는 하늘 쪽으로) 한 송이는 포대기 속 잠결 아래로) 그리고 또 한 송이는 곁에 있는 감나무 가지를 향하고 있다) 저 감나무에 올라 울음보를 터트릴 거라고 입술을 떠는 꽃잎들) 어떻게 본래의 이부자리대로 제비꽃을 심어놓을 것인가) 요구르트 병 허리를 매만지다가, 안에 고여 있는 젖 몇 방울을 본다) 몸통만 남아 있는 불상처럼, 지가 뭐라고 젖이 돌았는가

 울음보만 바라보며 몇 년을 기다려온 굼벵이) 그 아름다운 허리를 오래 내려다본다) 할 말 아끼다가 멍이 든 제비꽃에게도 합장을 한다) 문득 내 손가락의 실 반지 그 해묵은 뿌리에 땀이 찬다) 제비꽃 아래의 고운 숨결에 동침하고 싶어) 내 마음 감나무 새순처럼 윤이 난다

흙 속에 살되 흙 한 톨 묻히지 않고, 잘 주무시고 계신다) 이미 흙을 지나버린 차돌 하나, 살짝 비껴간 뿌리의 마음을 아는지 모르는지) 먼 훗날의 제 울음주머니만 굽어보고 있다) 사랑은 언제나 여러해살이라고, 그리하여) 차돌 같은 사리로 마음 빛나는 것이라고

내 품에, 그대 눈물을

내 가슴은 편지봉투 같아서
그대가 훅 불면 하얀 속이 다 보이지

방을 얻고 도배를 하고
주인에게 주소를 적어 와서
그 주소로 편지를 보내는 거야
소꿉장난 같은 살림살이를 들이는 사이
우체부 아저씨가 우리를 부르면
봉숭아 씨처럼 달려나가는 거야

우리가, 같은 주소를 갖고 있구나
전자레인지 속 빵봉지처럼
따뜻하게 부풀어 오르는 우리의 사랑

내 가슴은 포도밭 종이봉지야
그대 슬픔마저 알알이 여물 수 있지
그대 눈물의 향을 마시며 나는 바래어가도 좋아
우표를 붙이지 않아도 그대 그늘에 다가갈 수 있는
내 사랑은 포도밭 종이봉지야

그대의 온몸에, 내 기쁨을
주렁주렁 매달고 가을로 갈 거야
긴 장마를 건너 햇살 눈부신 가을이 될 거야

토끼

 열 살이 되었을 때 처녀 선생님한테 토끼 한 마리를 선물받았다 그날부터 세상의 모든 초록은 토끼가 먹을 수 있는 풀과 먹을 수 없는 이파리로 나누어졌다

 열여섯 살 때 토끼보다도 하얀 첫사랑이 왔다 이 년 동안 그가 오는 길목을 올무처럼 서성거렸다 다시는 만날 수 없던 토끼 한 마리가 내 풀밭을 다 망쳐놓았다 그때부터 세상의 모든 여자는 보랏빛 교복과 토끼를 닮지 않은 여자로 나누어졌다 내 마음은 토끼 한 마리 잘 품을 수 있는 토끼장이 되길 바랐다 녹이 슨 철망 안에 내가 갇혀버렸다

 열여덟 살 때 지금의 아내를 만났다 사이사이 산토끼도 만나고 집토끼도 품고 다녔다 세상의 모든 초록은 먹을 수 있는 푸성귀라는 것을 알았다 약초와 독초가 하나라는 것을, 간혹 따귀도 얻어맞았다

 스물여섯 살 봄, 우리는 동갑이었다 웨딩마치를 울리며 내가 토끼장이 되었을 때 내 토끼장은 그녀의 토끼장 안에 들어 있었다 두 토끼장 사이로 어린 새끼 토끼들이 뛰

어다녔다 풀뿐만 아니라 생 라면도 부숴 먹고 송장칡뿌리도 씹어먹었다 연탄가스를 마시기도 했다 그간 결혼식 사진을 모조리 찢어버린 적이 한 번, 집안 유리창을 몽땅 박살낸 적이 한 번, 전동 타자기를 방바닥에 메다꽂은 적이 네 번, 상패와 기념패가 소나기 쏟아지는 창밖으로 두 번 외출을 했다 때때로 새끼토끼들은 자는 척할 줄도 알고 늑대와 여우의 품을 파고들 줄도 안다 서서히 풀과 나무들이 땔감으로 보이고 그 옛날의 눈부신 토끼는 잘 저며진 토끼탕으로 보였다 세상은 이제 안주 될 만한 것과 안주도 되지 못하는 잡고기로 나누어졌다

올해 나는 서른일곱이 되었다 이제 나는 무엇과 무엇으로 딱히 가르지 않는다 덤덤해졌다 내 아랫배처럼 두루뭉실해졌다 시도 때도 없이 두 아이의 이름이 섞이고 어머니와 아내가 섞이고 새끼토끼들의 고모와 이모가 섞이고 풀과 나무와 땔감이 섞이고 귀여운 토끼와 토끼탕이 섞여서 토끼장의 안팎도 없어졌다 깊은 밤, 홀로 깡술을 마실 때가 늘어났으며 박제된 토끼가죽 속에서 지푸라기를 꺼내 오래도록 씹을 뿐이다 이제 토끼도 지푸라기도 썩지 않는다 탈취제마저도 나와 한 몸이 되었다

토끼풀을 한 번도 뜯은 적이 없는 나의 새끼 토끼 한 마리는 이제 열한 살이 되었고 또 한 마리는 일곱 살이 되었다

 열 살이 되었을 때 나는 하얀 토끼 한 마리를 선물받았다 그 토끼가 떠나버린 뒤,
 세상의 모든 초록은 건초더미가 되어버렸다

배웅

앞문이 닫히자
베란다 쪽으로 뛰어가, 아빠를 배웅하려던 조카가
아파트 오 층에서 떨어졌다
일 층 거실에서 사과를 깎아 먹던 아주머니들은
인형인 줄 알았단다, 막 싹이 피려던 양달의 잔디밭과
까치발을 들고 있던 봄 흙이
인형 하나를 가뿐하게 받아주셨다
정말, 천만다행이란 말씀께서 포대기를 펴고
그곳에서 해바라기를 하고 계셨던 것이다
초코파이 만한 멍 자국만
오른 뺨에 매달려 있었다
천만다행의 간식 그릇을 엎은 게 분명했다
장자로 태어나 지금까지
산소 마당 잔디에다 올린 절값을
다 받고도 남았다 대대손손 마른 잔디를
받드는 것이 이제 가훈의 한 세목이 되었다
서릿발 위를 맨발로 살아오신
족보의 모든 풀뿌리들께 큰 절 올렸다, 그후
일년이 지났는데도 간혹 생각이 나는지
베란다 쪽을 바라보며, 떨어졌어

할무이가 떨어졌어 한다
하긴 그 다음날이 증조할머니 젯날이어서
모두 증조모께서 받아주셨다고 생각했는데
그렇다면 떨어지면서 할머니를 만났다는 것이 아닌가
어린아이는 거짓말을 못한다는데 말이다
그리고 또 몇 달이 지났다
조카의 발음이 이제 좀 또렷해졌는데
할머니가 떨어졌다는 게 아니고
한 마리가 떨어졌다는 게 아닌가
지난 일을 더듬어본즉, 죽은 금붕어 한 마리를
그곳으로 버렸다는 것이다
하여튼 수족관 금붕어는 지금 세 마리이고
동생네 식구는 여전히 넷이다
그리고 제사는 좀더 진지해졌고,
베란다 밖 하늘에는 금붕어 비늘처럼
아름다운 노을이 펼쳐진단다 하늘은
아침 저녁으로 누굴 배웅하는지 눈물나게 아름답다는데
그때마다 동생과 제수는 문득문득 착해지는 것 같다며
음복을 하는데, 잠든 조카의 작은 날개를
온 식구가 바라보다가, 오 층처럼

놀란 눈을 부딪는 삼경
할머니가 떨어졌으면 어떻고
한 마리가 떨어졌으면 어떤고!
한 방울도 남기지 말고 다 마시거라
정성을 다해 음복하는 것, 그게 곧
배웅 중의 배웅이라 하신다

기차표를 끊으며

장항선에는 광천 역과 천안 역이 있는데요
광천에는 신랑동이 있고요 천안에는 신부동이 있어요

상행과 하행을 반복하는 지퍼의 손잡이처럼
그들 사이에 열차가 오르내리는데요
이들 둘의 사랑을 묶고 있는 장항선은
신부의 옷고름이자 신랑의 허리띠인 셈이지요

그런데 천안 역은 이 땅 어디로든 풀어질 수 있고요
광천 역은 오로지 신부동의 옷고름만 바라볼 뿐이에요
안타까운 신랑의 마음 저림으로
광천 오서산의 이마가 백발의 억새 밭이 되고요
토굴 새우젓이 끄느름하게 곰삭는 것이지요

다른 역들은 잠깐만에 지나치지만, 천안 역에서는
한참을 뜸들이며 우동 국물까지 들이켜는 기다림을
신부가 알까요 호두과자처럼 작아지는 신랑의 거시기를
말이에요

광천에는 신랑동이 있고요

천안에는 신부동이 있지요
그 사이에는요 신혼여행지로 알맞은 온천이 있고요
예산에 가면 사과알 같은 부끄러움 주렁주렁하지요

수없이 오르내리는 마음이 절어서
선로에 검붉은 돌이 쏟아지지요
그 돌들이 다 사랑인 것을
철로 옆 소나무도 알고 있지요

억새꽃이 부케처럼 피어 있고요

마지막 편지

 가지를 많이 드리웠던 햇살 쪽으로 쓰러진다. 나무는 싹눈과 꽃눈이 쏠려 있던 남쪽으로 몸을 누인다. 한곳으로만 내닫던 몸과 마음을 잡아당기려 나의 북쪽은 한없이 졸아들었다.

 이제 하늘 가까웠던 잔가지와 수시로 흔들리던 그늘과 돌아올 새봄까지 다 가지고 간다. 그루터기는 데리고 갈 수 없어 비탈에 남겨 놓는다. 멍하니 하늘 한가운데만 올려다볼 나이테, 그 외눈에 오래도록 진물 솟구치리라. 거기부터 썩어가리라.

 네 눈길 없이는 다시는 싹 나지 않으리라.

느슨해진다는 것

 병원에서 돌아와 보니,
 뒷간에 기대 놓았던 대빗자루를 타고 박 덩굴이 올라갔데. 병이라는 거, 몸 안에서 하늘 쪽으로 저렇듯 덩굴손을 흔드는 게 아닐까. 생뚱맞게 그런 생각이 들데. 마루기둥에 기대어 박꽃의 시든 입술이나 바라보구 있는데, 추녀 밑으로 거미줄이 보이는 게야. 링거처럼 빗방울 떨어지는 거미줄을 보구 있자니, 병을 다스린다는 거, 저 거미줄처럼 느슨해져야 하는구나. 처마 밑에서 비를 긋는 거미처럼 때로는 푹 쉬어야 하는구나. 그런 생각이 들데. 달포 가까이 제 할 일 놓고 있는 빗자루를, 그래 너 잘 만났다 싶어 부둥켜안은 박 덩굴처럼, 내 몸에도 새로이 핏줄이 돌지 않겠나. 문병하는 박꽃의 작은 입술을 바라보다가, 나 깊은 잠에 들었었네 그려.

 비가 오니 마누라 생각이 간절해지는구먼.
 부침개 냄새가 코끝을 간질이고 말이여.
 참 자네 안사람이랑 애들은 다 잘 있는감.
 그리고 말이여, 제수씨 밀가루 다루는 솜씨는 여전헌가.

한문 선생

북北이란 글자는
두 사람이 등지고 있는 꼴이다
마음을 등지면 등과 등 사이가
가장 추운 골짜기가 된다
거기가 한랭전선의 핵이다

비比라는 글자는
그중 한 사람이 비스듬 눈길 비끼고 있다
툭 어깨를 치자 바라보는 길 끝이 같아진다
어깨를 견주며 외나무다리를 건너고 있지만
외로워라, 앞서거니 뒤서거니
거기가 꽃샘추위의 알뿌리다

구臼라는 놈은 확을 본뜬 글자다
그러나 한참을 들여다보면, 두 사람이
가슴을 맞대고 절구질하는 꼴이다
야하게 말해서 떡을 치는 것이다
쿵쾅쿵쾅 지구란 별을 풀무질하는 것이다

내가 너에게로 가는 꼴이다

네가 나에게로 달려오는 치맛자락
그 안창에 뿌리를 박고 있는 회오리바람이다

곧 두 다리를 뻗대고
천문泉門이 열린, 우리의
아&가 나올 것이다

관계

화장지 좀 바꿔주세요.
똥꼬가 잘 쓰다듬어지지 않아요.

아침 일찍 여섯 살 난 아들 겨울이가 소리 지른다. 그렇지, 서로 쓰다듬을 때 온전한 사랑이 되지. 입술이 밥숟가락을 쓰다듬을 때며 혓바닥이 젓가락을 쓰다듬을 때, 쌀밥도 압력밥솥 뜨건 숨결이 오래 쓰다듬은 것이지. 현미 구분도미 칠분도미도 방앗간 미곡 탈피기가 알아서 잘 쓰다듬은 것이고, 이삭도 바람의 작은 올들이 가으내 쓰다듬은 것이지. 호랑이 어미가 제 새끼의 목덜미를 잘게 씹었다 놓는 것도 쓰다듬는 것이고, 생일 케이크의 촛불을 끄는 것도 제 안쓰러운 나이테를 쓰다듬는 것이지.

새로 생긴 할인마트에서 똥꼬가 잘 쓰다듬어지지 않는 화장지를 사온 엄마의 마음도 사랑이지. 관계가 좀 복잡한 마음 씀씀이지. 왜냐하면 그곳엔 살뜰한 경제가 있거든. 눈꺼풀이 눈망울을 쓰다듬듯, 때론 눈감아줄 줄 알아야만 다 큰 것이란다. 철 들었다고 한단다. 철이란 것은 봄 여름 가을 겨울처럼 올 것은 오고야 만다는 것을 믿는 것이지. 멀리서 다가오는 사랑, 벌써 곁에 와서 볼 비비는 사랑, 이미 떠나버린 사랑을 쓰다듬는 것이지. 가을이 여름을 소름 돋게 하고 봄바람이 고드름 끝을 어루만지듯, 쓰다듬는 것이 세상을 키워가지. 죽은 지 천년이 넘었는데도 우리를 쓰다듬고 있는 어른들은 모두 철을 쓰다듬고 아픔을 쓰다듬고 쓰다듬지 못할 것까지 끝끝내 쓰다듬다 가신 분들이지.

나무로 다가가는 바람과 햇살과 빗물의 종교, 푸른 잎으로 외는 주문이지. 쓰다듬는다는 것은 세상 모든 관계의 살가운 소리이자, 힘이란 녀석이 깨어 나오는 둥우리이지. 둥우리 속 어미 새가 굴리는 작은 알들, 그 껍질 위에 나 있는 발톱자국이지. 앙가슴 털로만 문지를 수 있는 따뜻한 희망이지.

알밤

실눈을 뜨고
땅바닥을 내려다보는 며칠
떫은맛은 사라진다
겁먹고 자란 것들은 단단하다
몸서리를 치며 돌멩이를 닮아간다
새파랄 때부터 갇혀서 자라면
닫힌 문 쪽으로 뿔 하나쯤 서는 게 아닌가
그 뿔 안쪽에 합장을 하고 있는
쥐밤나무 한 그루, 맞잡은 손가락 끝에
정좌를 하고 있는 눈곱만한 하늘이
알밤의 성깔을 다독인다
하지만, 세상의 모든 열매와
씨앗들은 험한 얼굴을 풀 수가 없다
홀로 단단해진 녀석이나
죽은 살붙이를 안고 여문 놈이나
저를 노리는 허기와 이빨을 향해 핏줄 불뚝거린다
탯줄 떨어진 자리, 넓은 흉터를 만지작거리며
끝내 합장을 풀지 않은 쥐밤나무의 믿음과
뾰족한 뿔과 그 뿔 쪽으로 힘줄을 당기고 있는
알밤의 식식거림을 본다

첫 걸음마부터 추락을 해야 하는
호락호락하지 않은 눈초리와 눈싸움을 한다
밤송이의 안마당으로 내 여린 뿔을 디밀어
말라빠진 젖내를 맡는다
불이 붙어도 날카롭게 반짝거리는
밤송이 가시가, 어둔 내 머릿속을
반딧불처럼 지나간다

붉은풍금새

누나하고 부르면
내 가슴속에
붉은풍금새 한 마리
흐트러진 머리를 쓸어 올린다

풍금 뚜껑을 열자
건반이 하나도 없다

칠흑의 나무 궤짝에
나물 뜯던 부엌칼과
생솔 아궁이와 동화전자주식회사
야근부에 찍던 목도장,
그 붉은 눈알이 떠 있다
언 걸레를 비틀던
곱은 손가락이
무너진 건반으로 쌓여 있다

누나하고 부르면
내 가슴속, 사방공사를 마친 겨울산에서
붉은 새 한 마리
풍금을 이고 내려온다

식도

폐광 앞에 서면
한여름에도 춥다

젊은 남편 갱 속에 묻고
홀로 늙어버린 아낙들
석탄박물관 옆 폐광 앞에서
계란과 맥주와 문어발을 판다

이제야 서리 깊은 한숨들
어둔 갱도에서 올라와
아낙들의 빛 바랜 점퍼를 쓰다듬는다

산 입에 거미줄 칠까,
생의 가장 슬픈 자리에 앉아 있는
목이 쉰 아낙들, 폐광 앞
거대한 거미 꽁무니 앞에 서면
산줄기까지 서늘해진다

목젖에 불이 켜지고,
밥이 지나가는 길로
눈물콧물 오르내림을 안다

싸락눈

겨울비
내리는, 갑사

파전을 부치시는
할머니한테
묵 한 그릇을 시킨다

차진 묵 속
마지막 숨이 고였던 자리에
간장이 고이고
고춧가루가 불을 밝힌다

할머니께서
잔돈을 꺼내려
치마를 걷어올리자

에구, 남세스러워라

철판으로 들이치던
빗낱이

싸락눈으로 바뀐다

여전히
빗금 곁눈질이다

싸라락
싸라락

노란 배광을 밝히며
파전이 다시 독경을 시작하자

치마를 걷고 나온
불전함이
곁눈질 몇 알을 받아 넣는다

모서리의 힘

내장탕 전문인 청일식당
빈대 콧구멍만한 화장실엔
대각선으로 변기가 놓여 있다
일 보는 동안 어쩔 수 없이
모서리를 바라봐야 한다
똥처럼 마모된 모서리를 반성해야 한다
겉은 둥글둥글 따스해야 하지만
속으론 모서리의 힘을 갖고 있어야지
탈취제 빈 그물에 갇혀 있는 상표를 보며
자신의 이름을 반성해야 한다
네 귀퉁이 모서리마다 낡은 거미줄이 있고
입적을 마친 빈 방들이 매달려 있다
청양 버스터미널 옆 청일식당에 가면
대각선의 중심에 앉을 수가 있다
그래, 모서리는 힘이지
모서리가 있어야 똥심이 있지
독을 들이마시며 자신을 지워가는
순백의 탈취제, 그 낡은 이름표를 바라보며
중심을 찍고 나온다
버스를 한 대쯤 놓쳐 버리면 어떤가

칠갑산 그늘에 오래 숙성된
좋은 술이 팔짱을 끼리니
건배 대신 구기자를 외치며
칠갑산 계곡처럼 깊어지면 어떤가

노을

철로 위
매미 한 마리
날개 속 푸른 녹을 흔들며
기름 끓이듯 울어댄다

그 울음소리를 만지고 싶은가
철둑 언덕바지에서 호박 덩굴이
한사코 덩굴손을 디민다

철로의 끝자락에서
막 출발하는 열차의 숨소리
그 면면한 너울을 울음주머니에 담았다가
천만 갈래의 철사 줄을 뽑아내는
먹빛 유지매미

철로 위에다
손을 댔다 뗐다 하며
늙은 호박에게 붉은 속살 채우는
호박덩굴의, 터진 살갗

하늘은
어느 역 철로 위에 손가락을 디밀고
저리도 고요히
붉게 젖어 있는가

새벽 이슬

새벽에
꼴 베러 가서는
손을 다치지 않는다

이슬이
앉아 있기 때문이다

새벽 이슬에
손마디가
부드러워지기 때문이다

낫 날이
이슬을 숫돌 삼아
자신을 버리기 때문이다

새벽 꼴에는
핏물이 배들지 않는다

소를 앞세우는
착한 마음 앞에
새벽 풀들이 엎드려주기 때문이다

3
돌의 이마를 짚다

강

양수를 여섯 번이나 담았던
당신의 아랫배는
생명의 곳간, 옆으로 누우면
내가 제일 고생 많았다며
방바닥에 너부러진다
긴장을 놓아버린 아름다운 아랫배
누가 숨소리 싱싱한 저 방앗간을
똥배라 비웃을 수 있는가
허벅지와 아랫배의 터진 살은
마른 들녘을 적셔 나가는 은빛 강
깊고 아늑한 중심으로 도도히 흘러드는
눈부신 강줄기에 딸려들고파
나 문득 취수장의 물처럼 소용돌이친다
뒤룩뒤룩한 내 뱃살을
인품인 양 어루만지는 생명의 무진장이여
방바닥도 당신의 아랫배에 볼 비비며
쩔쩔 끓는다

가재

가재는 뱃가죽에다가 알을 키운다
엉금엉금 바위 속을 들락거릴 때마다
알들이 계곡 밑바닥을 두드린다
곧 깨어날 새끼들의 무른 이마가
자갈에 부딪힌다, 그때마다 물살에 비친
은사시나무 이파리가 하얗게 몸서리친다
어미가 되어서야 새끼가재들은
물 밑바닥이 자신의 방패였음을 안다
붉노란 알을 한 아름 웅크린 모든 어미들이
이 땅을 짱짱하게 다져왔음을 깨닫는다
껍질을 억만 번 벗어도 수컷은 알지 못한다
여린 새끼들과 살 맞대고 있는
이 커다란 땅덩어리가, 암컷들의
단 하나뿐인 짝이라는 것을

한숨의 처소

 네 위로 육 개월 된 핏덩이를 사산했다고, 뒷간에서 일 보다가 얼떨결에 빠뜨렸다고, 당신은 딱 한 번 말씀하셨지요. 치맛자락이며 아랫배 때문에 뒷독은 내려다볼 수 없었다고, 사나흘 몸이 아파서 눈물이고 뭐고 내 정신이 아녔다며 고개를 돌리셨지요. 그때는 한밤중이라 도무지 아무것도 볼 수 없었다고 눈자위를 훔치셨지요. 나흘인가 누워 있다가 시아버지 제상을 보러 장에 간 새, 술 잔뜩 취한 네 에비가 뒷독을 퍼내 버렸기 때문에, 어디에 묻혔는지도 모르지만, 텅 빈 뒷간이 무섭고 죄스러워, 그 해엔 내내 요강을 쓰셨다 말씀하셨지요. 옆집으로도 가고 텃밭으로도 내달렸다고 쓸쓸히 웃으셨지요. 그 똥오줌 끼얹은 밭 자락에서 참 많이도 울었다고, 시어머니와 같이 밭고랑을 타면 후딱 앞서 나가서 눈물콧물 지지리도 닦아냈다고 딱 한 번 말씀하셨지요. 그해처럼 붉은 노을은 본 적이 없다며 한숨의 처소를 어루만지셨지요

대나무

　무릎 꿇고 새벽기도를 하거나 대웅전에 가서 삼천 배를 올려도 당신의 아랫배는 고해처럼 출렁이지요 그러나 달빛 내리는 뒤뜰 정한수 앞에 서면 팽팽해지지요 뒷산 대나무처럼 말이에요 온몸이 아랫배인 대나무들은 선 채로 평생 푸른 기도를 올리지요

　치마 속으로 대 뿌리가 번지는 것 같다고, 대나무처럼 텅 빈 자궁이 머리끝까지 차 오르는 것 같다고, 당신은 약이랄 것도 없는 잡풀을 달이셨지요 여물 같은, 쇠죽여물 같은, 약 달이는 냄새를 맡으며 저는 죽순처럼 자랐지요 그런 밤이면, 댓잎들 황달을 앓는 소리 누렇게 들려왔지요

줄탁(啐啄)

어미의 부리가
닿는 곳마다

별이 뜬다

한 번에 깨지는
알 껍질이 있겠는가

밤하늘엔
나를 꺼내려는 어미의
빗나간 부리질이 있다

반짝, 먼 나라의 별빛이
젖은 내 눈을 친다

---

* 줄탁(啐啄): 닭이 알을 깔 때에 알 속의 병아리가 껍질을 깨뜨리고 나오기 위하여 껍질 안에서 쪼는 것을 줄(啐)이라고 하고, 어미 닭이 밖에서 쪼아 깨뜨리는 것을 탁(啄)이라고 함.

저 수컷을 매우 쳐라

 어물전이며 싸전, 골목골목 좌판을 펼치고 있는 사람들, 십중팔구 여자다. 여자라고 부르기에도 뭐한 여자다. 서로 여자라는 것을 알려주려는 듯, 심심찮게 이 여편네 저 여편네 악다구니를 끼얹는, 세 바퀴 반을 돌린 털목도리들이다. 생선 비늘 덕지덕지한 스폰지 파카들이다. 좌판이 키워왔는지 궁둥이를 중심으로 온몸이 뭉쳐져 있다

 저 자리들을 모두 수컷들로 바꿔놓고 싶다. 마늘전 김봉길 씨와 옹기전 심정구 씨만 빼고, 썬그라스와 방수 시계를 파는 서부사나이만 놔두고, 종일 내기 윷 노는 담뱃진들과 주정이 천직인 저 가래덩이들을 검정 비닐봉지에 한 열흘 집어넣었다가 좌판에 꿇어앉히고 싶다. 나오자마자, 파주옥이나 당진집으로 달려갈 저 수컷들을 한 장 토막이라도 돼지쓸개처럼 묶어 말리고 싶다. 선거 철에만 막걸리 거품처럼 부풀어오르는 저 수컷도 아닌 수컷들을 외양간 천장이나 헛간 추녀에 매달아 놓고 싶다

 궁둥이들의 가슴을 보아라. 밥이란 밥 다 퍼주고, 이제 구멍이 나서 불길까지 솟구치는 솥 단지가 있다. (이 땅의 여인들에게선 불내가 난다. 수컷들에게서도 설익은 불내

가 나지만, 그것은 너무 오래 쓰다듬어주기만 한 여인들에게서 옮겨 간 것이다.) 깔고 앉았던 박스를 접고 천 원짜리 몇을 다듬고 있는 갈퀴 손으로 저 잡것들의 버르장머리부터 쳐라. 그리하여 다리몽둥이 절룩거리는 파장이 되게 하라. 돌아가 저녁상을 차리고, 밤새 또 술 주정을 받아내야 하는 솥단지들이여. 삼밭 장작불처럼, 이 수컷을 매우 쳐라

쓰라린 젖꼭지

어둔 방에 앉아 울고 계셨다
이목구비가 사라진 어머니는
커다란 외짝 젖통 같았다
너무 많이 빨아올려서
꼭지가 아스라이 솟구쳐 있었다
큰애냐? 부엌칼이며 쇠말뚝이
녹슨 유선(乳腺)에 걸려, 잠시
덜걱거리다가 자리를 잡았다
이제 곧 저 검은 젖꼭지에 매달릴 은비녀
그 차고 무거운 것이 내 가슴에 박혀 왔다
어머니는 무너지지 않을 거예요
작게 옹알이를 했다
서둘러, 그 쓰라린 젖꼭지 위에
알전구를 밝혀드렸다
칡넝쿨이 점령해 버린
한 그루 겨울 소나무가
내 이름을 불렀다

소가죽 가방

 내 소가죽 가방에는 지금 시작 노트 한 권과 교통사고로 돌아가신 할머니의 사망진단서 세 통이 들어 있다. 후실로 들어와 무적으로 사시다가 의료보험카드에서나 동거인으로 살아오신 할머니. 장녀는 작은할아버지 아래에, 나머지 사남 삼녀는 모두 큰할머니 앞으로 등재된 호적초본 한 통도 들어 있다. 내 소가죽 가방에는 지금 인우보증서와 교통사고 사실 확인원 한 통, 먼 고모님들의 인감증명서 두 통과 민사합의서 한 통이 들어 있다. 구치소에 계시는 셋째 아버지의 인감도장과 위임장 한 통이 들어 있다. 내 소가죽 가방에는 지금 네 개의 위로도 소화시키기 어려운, 할머니보다 앞서 간 아버지와 삼촌들의 가위표, 그 딱딱한 먹장구름이 들어 있다. 둥둥 큰북으로 갔으면 좋을 내 소가죽 가방에는 천년을 되새김질해도 막창을 건너가기 어려운 풀밭이 있다. 녹슨 철사로 돋아나는 다년생 풀뿌리들, 누가 나 대신 다 뜯어먹었으면 좋을 대못 같은 마른풀들이 눈보라를 접고 있다. 보험사 안에다 몇 개월째 외양간을 들인 소가죽 포대가 혹한의 겨울과 맞서고 있다

바람아래

제 얼굴로 겨눴던 부채 끝을
어린것들에게 돌리는 데까지 가야
마음도 주름을 접고 편해지는 거여
자네도 땀 범벅인 몸뚱어리 제쳐놓고
새끼들한테 부채질하는 것을 보니께
이제 진짜 어미가 된 것 같구먼
세상에서 첫째로 독한 짐승이 어미라는데
어미 중에서도 제일 독한 홀어미가 되었구먼
신랑 생각은 빨리 털어버리고
여기에다 맘 붙이고 살아가자고,
멍하니 평생 바다 끝만 내다볼 것 같더니
어찌어찌 새끼들 추스르는 것을 보니께
이제 가라고 해도 안 가겠지만
바람아래 떠나는 순간
세상 바람통 속으로 겨 들어가는 것이여
저 뻘 속 모래알들이 어찌 그냥 모래들이고
어찌 그냥 조개껍질이겠는가
억만 번도 더 달래고 얼래야
밀물 썰물 몽땅 품을 수 있는

오지랖이 되는 거여
그런 걸 몸이라고 하는 거여

---

* 바람아래는 안면도 바닷가에 있는 해수욕장 이름이다.

목이 부러진 숟가락

어머니는 목이 부러진
내 알루미늄 숟가락을 버리지 않으셨다
부뚜막 작은 간장종지 아래에다 놔두셨는데
따뜻해서 갖고 놀기도 좋았다 눈두덩에도 대보고
배꼽 뚜껑을 만들기도 했다
둥근 조각칼처럼 생겼던 손잡이는
아끼기까지 하셨다 고구마나 감자를 삶을 때
외길로 뚫고 간 벌레의 길을 파내시는 데
제격이었기 때문이었다
어머니를 찾아뵐 때마다, 내 몸은
탄저병에 걸린 사과나 굼벵이 먹은 감자가 되어
한 켜 껍질이 벗겨지는 것 같다
숫제, 내가 한 마리 벌레여서
밤고구마나 당근의 단단한 속살을 파먹고 있고
내 숟가락은 아직 생기지도 않았고
어머니는 외할머니 댁 추녀 밑에서 소꿉놀이를 하고 있는,
그런 벌레 알 같은 생각을 꼼지락거리기도 한다
숟가락 손잡이로 둥글고 깊게
나를 파고 나를 떼내다가
지금은 없는 간장종지 아래에

지금은 없는 내 목 부러진 숟가락을
모셔두고 온다

돌의 이마를 짚다

집으로 돌아오는
먼 길, 내 책가방 속에는
돌멩이 가득했다

아이들이 나 몰래 집어넣은
그 돌멩이의 무게로
고추 모종 같은 내 어깨는
멍 가실 날이 없었다

모종삽 같은 내 얼굴을 피해
어머니는 그때 눈물을 훔치셨던가
삼학년 때까지 져 나른
그 쓸데없는 잔돌들을, 어머니는
안마당과 뒤뜰 추녀 밑에 깔아놓으셨다

큰애 덕분에
흙 마당이 패이지 않겠네

그 옛날, 어머니의 가슴속
붉은 낙숫물은 어디로 흘러갔을까

어머니 눈망울 속 버걱거리던 잔돌들은
어디에 박혀서 흔적도 없는 주춧돌이 되었을까

내 가슴 한쪽
분을 이기지 못하던 짱돌과
또 다른 가슴 한켠
추녀 밑 갸륵한 잔돌 사이에서
나는 얼마나 오래도록 돌의 이마를 짚어왔던가
흙덩이보다도 쉬 부서지는 다짐 위에
얼마나 많은 낙숫물을 받아왔던가

언제 어디서든, 나는
돌을 쓰다듬는 버릇이 있다
하늘의 처마 밑에서
낙숫물을 받들고 있는
세상 모든 어머니라는 돌을

송화

가뭄 끝에
단비 오셨다

하느님께서 밤새
물약을 떠 넣어주셨다

숟가락이 놓였던 자리마다
첨벙거리는 아침하늘

젖은 입술마다
약 가루 묻어 있다

오랜 병 수발 끝에
가뿐해진 하늘, 우러러

약 숟가락이 놓였던 자리마다
노란 단비꽃이 피었다

가뭄

물꼬 웅덩이와
사람의 발자국만이
아직 물기를 갖고 있다

올챙 올챙 올챙이들
그 젖은 그늘을 신발창처럼 깔고 앉아
마른하늘을 입질하고 있다

진흙 밥 가득 삼킨 채
말라 죽어도, 저 발자국의 임자처럼
헛배를 끌어내릴 수가 없다

이듬해, 경칩이 지나고
독새풀이 누럴 때까지, 발자국에는
가물지 않는 눈물이 고여 있다

가장 두꺼웠던 얼음이
밑알처럼, 거기에 있었다

금강초롱

노을 지는
쇳물 바다

커다란 종을 빚으려
낙지는 뻘을 다진다

그러나 종은
발가락 손가락에
빨판으로 매달릴 뿐이다

도마 위로 끌려나와
식칼을 맞고 난 뒤에도
나무젓가락이 무슨 당목인 양
마지막 종을 치는 토막들

어금니에 씹혀
허방에 처박히기 전까지도
목젖을 때리는 끈질긴 살점들

몸이 몸에게 건네는 종소리

식도 끝, 허방을 밝히는
금강초롱꽃 송아리들

---

* 당목(撞木): 종메, 절에서 종이나 징을 치는 나무막대.

희망의 거처

옥수숫대는
땅바닥에서 서너 마디까지
뿌리를 내딛는다
땅에 닿지 못할 헛발일지라도
길게 발가락을 들이민다

허방으로 내딛는 저 곁뿌리처럼
마디마다 맨발의 근성을 키우는 것이다
목 울대까지 울컥울컥
부젓가락 같은 뿌리를 내미는 것이다

옥수수밭 두둑의
저 버드나무는, 또한
제 흠집에서 뿌리를 내려 제 흠집에 박는다
상처의 지붕에서 상처의 주춧돌로
스스로 기둥을 세운다

생이란,
자신의 상처에서 자신의 버팀목을
꺼내는 것이라고

버드나무와 옥수수
푸른 이파리들 눈을 맞춘다

수로(水路)

시멘트 건물의 삼 층 외벽
금이 간 틈바구니에
개망초 꽃이 피어 있다
받아먹는 물이 전부라는 듯
뒤틀린 뿌리, 그렇다면
저 상처는 수로가 아닌가

어둔 하늘 어디쯤
일생 처음으로
누군가 또 뿌리를 내딛는가
칠흑 속으로
수도 없이 번개가 치고 있다
길이 터지고 있다

4
눈송이에 둥지를 트는 새

생선의 전부

강물로 뛰어들리라는
그 기어코를 놓치면
지느러미부터 말라간다
바다로 돌아가리라는
그 기필코를 내동댕이치면
얼음 위에 누워 있어도
이미 생선이 아니다

돌아가리라
이 펄떡거림이 생선의 전부다

우리가 아침 식탁에서 구워먹은 것은
돌아가리라 다섯 토막이다
어두육미라며 꼬리를 쳐냈다면
돌아가리 네 토막을 먹은 것이고
머리도 잘라버렸다면
입안 가득 **아가리**만 발라먹은 것이다

염소

그라목손이라는 제초제
깨진 병 모가지에 뱃가죽을 꽂고
허물을 벗은 뱀을 본 적이 있다

그가 떠난 뒤 홀로 남은 염소는
매년 벌초를 해주겠다며
그의 육촌이 끌고 갔다

벌초를 하다가
뱀의 허물도 종종 만난다는데
올해는 산딸기나무며 쑥부쟁이가 너무 뒤엉켜서
제초제를 쳤다고 했다

죽은 지 다섯 해 만에
또 한번 약을 먹인 꼴이라며
늙은 그의 육촌이
뱀 껍질 같은 손등으로 눈가를 훔쳤다

세상을 뜬 지 삼 년이 넘은 그의 염소가
빈집을 자꾸 돌아다보며

서쪽 하늘로 걸어가고 있었다

노을 속에는
염소의 긴 울음소리가 산다

물의 뼈

안마당, 막힌 하수구에
굵은 철사토막을 들이민다
갈고리에 걸려 나오는 물의 뼈
그 뼈에 엉겨 있던 물의 살을 헤집는다
부러진 숟가락과 고양이가 물어간 행주와
허섭스레기들, 한때의 살림살이들이
물의 뼈와 살로 엉켜 있다

녹슨 석쇠를 구부려
하수구 입구에 걸쳐놓고 오래 바라본다
다시 검정 비닐봉지가 물의 뼈로 서고
커다란 물고기처럼 살집을 부풀린다
물의 지느러미가 새 길을 틀며 안마당을 벗어난다
어둔 굴속으로 들어가고 싶지 않아요
대문을 넘고 골목길을 가로지른다
이렇게는 못살겠어요, 부황난
물줄기가 척추를 뒤집는다

물길은 온몸이 물렁뼈다
물렁뼈를 물렁하게 보지 말라

큰물 닥친다, 하늘이 우중충 헛기침만 해도
시큰거리기 시작하는 우리들의 뼈마디,
멍든 살가죽을 찢으며
어둔 하늘에서 물렁뼈가 쏟아진다
땅바닥에 부딪쳐 박살이 난 뼈마디
모이고 모여 통뼈로 흘러간다

고기만두

잘 저며진 고기에서
여물처럼 김이 오른다

만두 속 고기가
살아생전 새김질한 밀이
만두피가 되어
분 화장까지 하고 나왔구나

그럼 나는?
복주머니처럼 잘 여며진 뒤
세상의 허기 앞에 놓여질 수 있을까

펄펄 끓는 가마솥의
흰 광목 위에 누울 때
날 감싸안을 외피가 어마어마하겠단
생각이 든다

살아생전
내가 먹어치운 것이
하늘땅보다도 더 클 것임으로

그래,
하늘땅이 날 덮어주겠구나
참으로 먹기 어려운
고기만두도 있겠구나

만두가 누워 있던
광목 이부자리 한 채
창밖에 떠가고 있다

숲
—— 한창훈에게

홀로 숲이 되는 사람이 있다
홀로 열두 마리 짐승이 되어
파도 저 아래처럼 겨울잠도 자고
봄 칡도 파헤치는 거시기가 있다
바다에 가면 파도의 숲
사막에 가면 모래의 숲이 되는,
홀로 일백이십 마리의 짐승을
열매 맺는, 인화성 나이테가 있다
망우리에 가면 망우리의 모든 봉우리를
망월동에 가면 망월동의 모든 봉우리를
모닥불로 바꾸는 매운 눈물의 숲이 있다
무덤에 들면 무덤을 덮어버리고
비석이며 비목에 이파리를 내다 거는
깊고 푸른 그늘이 있다
그의 응달쪽 자갈길을
툭 건드려보아라 그의 산등성이가
일천이백 마리의 숲을 데리고 나와
거문도 앞바다의 소금 산맥을 보여 주리니
홀로 일만이천 겹의 풍랑을 잠재우고
동백나무 숲으로 세상을 돌려놓는

숭악한 짐승이 있다, 홀로
바다가 되는 사람이 있다

눈송이에 둥지를 트는 새

한겨울에 다리 공사를 한 적이 있다

 콘크리트를 치는 삽질 속으로 소복눈이 쏟아졌다. 내장을 삶는 가마솥에도, 김장김치와 돼지비계를 볶는 솥뚜껑 위에도, 수제비만한 눈송이 뛰어들었다. 공사를 마치고 거푸집을 떼내자, 돼지 불알만한 구멍들 숭숭했다. 오줌보만한 것도 두엇 있었다. 그래도 볏가마니 그득한 경운기가 다니고, 트랙터며 콤바인 잘도 건너다녔다. 그런데 삼 년 만에 다리를 철거해야 했다. 산골짝 다랑 논까지 경지정리를 하기 때문이었다. 다리는 한나절도 안 되어 가라앉았다. 콘크리트 덩어리가 냇물을 막고 철근더미가 둑에 쌓였다

 엉성했던 콘크리트의 구멍과 교각 틈바구니에 둥우리가 껴 있었다. 새들이 지푸라기며 보드라운 이끼로 공사를 마무리한 것이었다. 둥우리 위로 리어카가 지나가고 트럭이 부릉거리는 사이, 주먹만한 비곗덩어리와 돼지 불알 속으로 어미 새가 먹이를 나른 것이었다. 배고픈 눈송이와 돼지 오줌보에게 한 꾸러미씩 새알을 건넨 것이었다. 얼었다 풀렸다 하던 너털웃음과 김 무럭무럭 솟구치던 솥

단지를 점찍어 놨던 새들. 눈송이와 새들의 하늘 길처럼 아름다웠던 논두렁도 경지정리에 만신창이가 되었다. 논배미의 이름도 몽땅 사라져버렸다

 사람 한 명 부르지 않고 레미콘이 새로운 다리를 놓고 있었다. 헛배 부른 익룡의 내장 안에 사람 하나 꼼지락거리고 있었다. 하늘 깊숙이, 다시 새들이 날고 있었던가. 눈송이와 돼지 오줌보에 둥지를 트는 새가 있었다

흰 별

볍씨 한 톨 매만지다가
앞니 내밀어 껍질을 벗긴다

쌀 한 톨에도, 오돌토돌
솟구쳐 오른 산줄기가 있고
까끄라기 쪽으로 흘러간 강물이 있다

쌀이라는 흰 별이
산맥과 계곡을 갖기 전
뜨물, 그 혼돈의 나날
무성했던 천둥 번개며 개구리 소리들

문득 내 머리 속에
논배미라는 은하수와
이삭별자리가 출렁인다

알 톡 찬 볍씨 하나가
밥이 되어 숟가락에 담길 때
별을 삼키는 것이다

밤하늘 별자리를
통째로 품는 것이다

둥구나무의 말

 어린 물고기의 입술 같아야 땅속 깊이 뻗어나갈 수 있다. 깊은 물을 마셔야만 오백 년의 겹옷을 벗으며 우듬지로 올라갈 수 있다. 아침저녁, 엷은 안개 속에서 세상의 모든 싹눈들 밖을 내다본다. 어린 물고기의 아가미처럼 실핏줄 맑아져야만 하늘을 빨아들일 수 있다

 내 그림자를 보아라. 멀리 나가면 당연 흐릿해지는 것이지만 개울 건너 신작로며 식전 경운기 소리가 궁금해서, 응달무지 고샅이며 술 취한 해걸음이 걱정돼서, 아침저녁으로 나는 동구 밖까지 나갔다 온다. 묽어져야만 멀리 나갈 수 있다.
 묽어진다는 것은 맑아진다는 것이다

병따개가 없는 술집

소주병을
이빨로 따던 때가 있었다
밑반찬이 나오기도 전에
족히 반병은 나발 불던
병따개가 필요 없던 시절이 있었다
그래도 술값은 하며 살 때였다
하지만 이제 어금니 없이도
소주병은 잘도 돌아간다
소리도 경쾌한 그린그린
부드럽게 살라고 풀잎 가슴을 내민다
소주병만해진 맥주병들은
눈만 흘겨도 열린다
정작 뚜껑이 열리고
돌아버릴 것 같을 때에는
병 뚜껑이라도
속 썩여야 될 것 아닌가
병 모가지라도
욕설바지가 되어야 할 것 아닌가
뚜껑이 너무 잘 열린다
저만 기분 좋게 잘도 돌아간다

무덤에서 무를 꺼내다

무값이 똥값이라
밭 가운데에 무를 묻었다
겨울에만 생겼다 없어지는 무덤
봄이 될 때까지 수도 없이 도굴당하는 무덤
절만 잘하면 무를 덤으로 주는 무덤 밭 한가운데에
겨우내 절을 받는 헛묘 하나 눈맞고 있다 저 묘 속으로
할아버지 할머니 아버지 어머니 얼마나 많이 머리를
들이미셨던가, 그 누가 시퍼렇게 살아 있기에
한 집안의 머리채를 모조리 다 잡아채는가

차선 그리는 남자

머리에 수건을 두르고
손잡이 긴 페인트 붓으로 지구를 쓰다듬는 남자

멈춤과 기다림이 생의 전부임을 말없이 가르치는 남자. 알고 있는 숫자는 단지 1뿐인 것처럼, 1자만 바닥에 늘어놓는 남자. 세상에서 가장 큰 캔버스를 쓰는 화가. 숲도 1자의 나무들이고 나무도 1자의 가지들이라고 귀띔해 준 행위예술가. 사람도 길도 1자이고, 멈춤도 기다림도 1자의 마음이라고, 0이란 자신도 모르는 완전한 죽음이고 또 다른 1자의 출발이라고, 한 수 술잔을 건넨 남자. 자신이 그린 횡단보도며 차선을 제가 제일 먼저 건너는 사람. 멈춤과 기다림만한 선물은 없다며 떠나버린 아내를 죽 기다리는 사내. 2차 가자는 나를 택시에 밀어넣는, 팔 힘이 센 남자. 슬프기도 하고 아름답기도 한 예비군복의 얼룩들. 자꾸만 1자로 일어서려는 무늬들

나뭇가지 같은 오른 팔
그 우듬지의 둥근 손 인사

팔씨름을 제일로 잘하는
저 웃는 별의 새순

씨눈

민달팽이는
촉수가 눈이다

멀리
천천히
내다보려고

허공에다
두 눈망울을 올려놓았다

제 몸을 보시(布施)해야 할
피치 못할 경우, 민달팽이는
두 눈을 몸 안으로 들여놓는다

순간, 민달팽이의 몸은
눈꺼풀이 된다
벙어리장갑이 된다

껍데기는 말고
이 알맹이를 드시라고

허공에 내다놓았던 두 눈을
씨앗인 양 들여놓는다

38

 집터를 닦느라 파헤쳐진 푸른 대나무, 마디를 세어보니 서른여덟째 마디부터 가지가 뻗어 있다. 내 나이와 같다. 다른 대나무를 세어보니 서른일곱째 마디부터다. 뿌리 사이 흙을 털어내고 다시 세어보니 서른여덟째가 맞다. 무성한 이파리로 하늘을 쓸어볼까? 생각다가, 단소나 대금은 뿌리 근처로 만들지. 해금도 굵은 밑동으로 울림통을 삼지. 그렇다면 이제, 절창은 끝났구나. 마디가 마디를 부르는 서른여덟째 칸을 쓰다듬는다. 어려서부터 삼팔은 느낌이 안 좋았지. 삼팔선이라는 말도, 삼팔 따라지라는 어른들의 말도, 무거웠지. 불안이 가지를 뻗게 하는 것, 하늘을 덮는 대숲도 불안이 만들었나? 제 몸을 쪼개어 푸른 구름을 드리우는 대나무 숲. 그렇다면, 그래 그렇다면, 하늘 끝부터 거꾸로 세는 거다. 그럼 몇째 마디부터 잔가지 없어지고 단단한 천년의 소리를 품게 되나? 지진도 견뎌내는 뿌리의 연대를 갖게 되나? 하늘에서 내려다보아야 할 서른여덟 살이 되었다. 나는 이제 땅으로 내려간다. 취구와 청공을 뿌리 근처에 두리라. 그래도 칠성공은 저 멀리 보름달로 내다 걸어야겠지.

---

 * 취구, 청공, 칠성공: 대금에 있는 구멍들.

참 좋은 일요일

교회로
올라가는 언덕길

비닐 포장 위에서
벼가 마르고 있다

차를 대놓던 진입로가
오솔길처럼 좁아졌다

사람들의 걸음마가
아장아장 눈부시다

볍씨로 써놓은 성경책

햇살 들이마시라고
울퉁불퉁
오선을 쳐놓은 고무래

빛나는 손잡이에
작은 새들이 음표로 앉는다

제비꽃 여인숙

1판 1쇄 펴냄 2001년 9월 28일
1판 8쇄 펴냄 2017년 5월 17일

지은이 이정록
발행인 박근섭, 박상준
펴낸곳 (주)민음사

출판등록 1966. 5. 19. 제16-490호
서울특별시 강남구 도산대로1길 62(신사동)
강남출판문화센터 5층(우편번호 06027)
대표전화 515-2000 / 팩시밀리 515-2007
www.minumsa.com

ⓒ 이정록, 2001. Printed in Seoul, Korea
ISBN 978-89-374-0698-0 03810